교과서 자연동화
우리는 특별한 재주가 있어요

글 이상배 그림 황종욱

계림북스
kyelimbooks

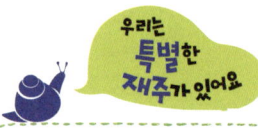

우리는 **특별한 재주**가 있어요 교과서로 만나요!

과학	3학년 2학기	2. 동물의 세계
	5학년 1학기	3. 식물의 구조와 기능
		4. 작은 생물의 세계

겉모습만 보려고 하지 마세요.
어떻게 생기고, 어떻게 살고, 어떤 장점을 가지고 있는지
더 가까이 다가가 살펴보세요.

자연을 사랑하는 어린이들에게

달팽이도 기는 재주가 있다고 합니다.
연약한 달팽이는 집을 지고 느릿느릿 기어가지만
날카로운 가시도 거침없이 다니는 곡예사입니다.
거미는 날개도 없이 날아다니며, 곤충 행세를 합니다.
숲 속은 누가 살아남을지 모르는 세계입니다.
거미줄을 내어 스스로 먹이를 잡아먹을 줄 아는 거미는
곤충들보다 재주가 뛰어난 동물입니다.
아침 풀숲을 지날 때 이슬 맺힌 거미줄을 찾아보세요.
사람이 흉내내지 못할 특별한 아름다움도 있습니다.
자기 힘으로 죽죽 뻗지 못하는 식물은 어쩌면 좋을까요?
그들은 영리하게도 줄기와 잎을 바꿔 버렸습니다.
나팔꽃은 다른 식물을 친친 감아 위로 올라가지요.
살아남기 위해, 먹이를 잡아먹기 위해,
열매를 맺어 씨앗을 남기기 위해…….
자연의 생존 본능은 놀라울 뿐입니다.

첫 번째 이야기
달팽이는 연약하지 않아요 　　14
- 더 궁금해요! 　　34

두 번째 이야기
거미는 곤충이 아니에요 　　40
- 더 궁금해요! 　　60

세 번째 이야기
친친 감아라 덩굴손 　　66
- 더 궁금해요! 　　86

첫 번째 이야기

달팽이는

연약하지 않아요

세줄이는 달팽이 이름입니다.
짊어지고 다니는 껍데기에 줄이 세 바퀴
감기어 있어서 세줄이라고 부릅니다.
껍데기는 세줄이의 집입니다.
어디를 가든지 끙끙 끌고 다닙니다.
"집이 무겁지 않니?"
"아니, 집이 내 몸인데 뭘."

어느 날 아침, 세줄이는 여행을 떠나기로 했습니다.
여행을 떠나기 위해서 먼저 할 일이 있습니다.
껍데기 문에 쳐 놓았던 막을 찢는 것입니다.
그동안 햇빛이 쨍쨍하여 집 속에 숨어 있었습니다.
그런데 며칠 전부터 공기가 날랐습니다.
"비가 올 것 같은데?"

왜 비를 맞으며 여행을 떠나려는 걸까요?
대부분 동물이나 곤충은 비를 싫어하거든요.
"난 비가 좋아!"
세줄이는 껍데기 밖으로 다리를 내밀었습니다.
'누가 있나?'
조심조심, 천천히 머리를 뻗쳤습니다.
작은 더듬이가 나오고, 큰 더듬이가 나왔습니다.
안테나 같은 큰 더듬이 끝에 눈이 달려 있습니다.
"아, 시원하다! 어디 보자."
두리번두리번 망원경처럼 살펴봅니다.
"잘 안 보이네."
세줄이의 눈은 밝지 않습니다.

더듬더듬!
세줄이는 큰 더듬이를 더듬거렸습니다.
"이건 나무줄기인데."
큰 더듬이로 갈 길을 정합니다.
킁킁, 작은 더듬이로 냄새를 맡습니다.
"음, 나뭇잎 냄새."
이제 준비가 다 끝났습니다.

쭈욱 쭈욱!
머리를 앞으로 내밀고 천천히 기어갑니다.
뱃살을 물결처럼 움직이며 앞으로 나아갑니다.
슬금슬금!
꺼칠꺼칠한 나무껍질 위를 기어갑니다.
세줄이가 지나간 자리에 자국이 생겼습니다.
배다리*에서 끈적한 게 나오네요.

*배다리: '복족'이라고도 하는 근육 발이다. 끈끈한 점액이 나와 빨판 역할을 한다.

후두둑, 빗방울이 떨어졌습니다.

"와, 비 온다!"

세줄이가 더듬이를 움직거리며 좋아합니다.

달팽이는 해가 뜨지 않은 이른 아침이 좋습니다.

어두워지는 저녁이 좋습니다.

안개 낀 날이 좋습니다.

비가 내리는 날은 더 좋습니다.

나무줄기, 나뭇잎, 풀줄기, 풀잎에

달팽이들이 하나둘 기어 나왔습니다.

"너희들, 어디 가니?"

"빗속 여행 가."

달팽아 달팽아

비가 오니 춤추어라

뿔 내놓고 눈 내놓고

둘레둘레 춤추어라

"배고파."

세줄이는 연한 나뭇잎을 갉아먹기 시작했습니다.

혀에는 작은 이가 만 개도 넘게 나 있습니다.

사각사각!

세줄이는 나뭇잎도 먹고, 이끼도 먹고,

달콤한 열매도 먹었습니다.

"빗속 여행은 바로 이 재미야."

햇빛이 나지 않아 말라 죽을 걱정이 없습니다.

안심하고 맛있는 것을 실컷 먹었습니다.

"꺼억, 배부르다!"

끙끙! 여기저기서 달팽이들이 똥을 눕니다.
그런데 똥 색깔이 다르네요?
"난 당근을 먹어서 붉은 똥을 누었어."
"난 풀잎을 먹었더니 초록 똥이네."
노란 꽃잎을 먹은 세줄이는
노란 똥을 누었습니다.

빗줄기가 갑자기 뚝 그쳤습니다.
"햇빛이 난다."
세줄이는 얼른 풀잎 그늘로 들어갔습니다.
껍데기 속으로 온몸을 밀어 넣었습니다.
"좀 쉬었다 가야지."

쪼르르, 땅강아지 한 마리가 나타났습니다.
방금 땅굴을 팠는지 흙을 뒤집어쓰고 있었습니다.
툭툭, 땅강아지가 세줄이를 건드렸습니다.
"어이쿠, 큰일 났다."
부드러운 속살을 탐내는 적들이 많거든요.
"이 딱딱한 게 뭐지?"
땅강아지는 몇 번 건드려 보더니 뽀르르 가 버렸습니다.

세줄이는 껍데기가 없으면 살 수 없습니다.
딱딱한 껍데기가 몸을 보호해 주기 때문입니다.
세줄이의 원래 고향은 물속입니다.
조상들은 바다 밑바닥을 기어다니며 살았지요.
모래를 파고 들어갈 때 물렁한 몸이 다치지 않도록
껍데기를 만든 것입니다.

세줄이는 도랑에서 친구를 만났습니다.
"난 달팽이야. 넌 누구니?"
"난 우렁이*야. 나하고 친척 같은데 왜 이름이 그래?"
"내가 달처럼 둥글고 팽이처럼 생겼대."
"우렁이 넌 왜 물속에 있어?"
"난 물속에서만 살아."
"나도 물속에 들어가고 싶어."
"안 돼. 넌 아가미*가 없잖아."

*우렁이: 논바닥이나 도랑에 사는 연체동물로, 달팽이처럼 딱딱한 껍데기가 있다.
*아가미: 어류처럼 물속에 사는 동물이 숨을 쉴 수 있는 호흡 기관. 붉은 빗살 모양으로 생겼다.

세줄이는 아가미가 없습니다.
아주 먼 옛날, 세줄이 조상은 땅으로 나오면서
아가미 대신 허파*를 만들었습니다.
물이 아닌 땅에서 살 수 있게 말입니다.
"물을 좋아하면서 왜 땅으로 나왔을까?"
세줄이는 그게 궁금했습니다.
"그건 먹이 때문일 거야."
우렁이가 아는 척을 했습니다.

*허파: 폐. 땅 위에 사는 동물들의 호흡 기관.

"물속에는 먹이가 없어?"
"먹이야 있지. 그렇지만 더 싱싱하고, 연하고,
달고, 맛있는 것을 먹고 싶었던 거야."
세줄이는 자기가 즐겨 먹는 것을 생각해 보았습니다.
싱싱하고, 연하고, 달고, 맛있는 것!
"그래, 그 말이 맞는 것 같아!"

숲 속에 밤이 오자 여기저기서 달팽이들이 모여듭니다.
"알을 낳아야 할 텐데……."
서로 짝을 찾아 짝짓기를 합니다.
달팽이는 암컷과 수컷이 따로 없습니다.
한 몸에 암수*를 다 갖고 있습니다.
하지만 짝짓기는 다른 달팽이와 해야 합니다.
세줄이도 짝짓기를 했습니다.

*암수: 암컷과 수컷. 달팽이는 한 몸에 암컷과 수컷의 생식기를 다 가지고 있다.

"알 낳을 곳을 찾아가자."
세줄이는 나무 밑 부드러운 땅을 찾았습니다.
배 속에서 알이 자랄 때까지 먹지도 않고,
돌아다니지도 않고, 그 자리에 머물렀습니다.
"이제 낳을 때가 되었나 봐."
머리로 땅을 파고 알을 낳았습니다.
아주 작고 동그랗게 생긴 예쁜 알입니다.
세줄이는 부드럽고 축축한 흙을
덮어 주었습니다.

어느 흐린 날이었습니다.
땅속에서 툭툭, 알껍질이 찢어졌습니다.
달팽이 새끼들이 알에서 기어 나왔습니다.
얇고 투명한 껍데기를 등에 지고 있습니다.
"엄마! 아빠!"
그러나 엄마 아빠는 보이지 않습니다.

"햇빛은 싫어."
"알껍질부터 먹자."
태어나면서부터 어떻게 살아야 할지를 압니다.
"껍데기를 튼튼하게 키워야 해."
새끼 달팽이들은 더듬이를 더듬거리며
먹이를 찾아 나섰습니다.

세줄이는 그늘진 나뭇가지로 올라갔습니다.
"이제 좀 쉬어야지."
온몸을 천천히 껍데기 속에 밀어 넣었습니다.
그리고 문에 얇은 막을 쳤습니다.
"아기들아, 잘 자라거라."
엄마 달팽이 세줄이가 여름잠을 자고 나면
시원한 가을이 올 것입니다.

 더 궁금해요!

집을 지고 다니는 달팽이

달팽이는 왜 비 오는 날 나올까?

달팽이는 햇빛을 싫어합니다. 뼈가 없고 살갗이 얇아 몸에 있는 수분이 마르면 죽기 때문입니다. 그래서 습기가 많아 축축한 날, 비 오는 날 아침이나 저녁에 기어 나오지요. 몸에서는 늘 끈적끈적한 분비물을 내어 몸이 마르지 않게 합니다.

달팽이 머리에는 작은 더듬이와 큰 더듬이가 한 쌍씩 있는데, 더듬이를 쉴새없이 움직입니다. 더듬이가 눈, 귀, 코, 입, 손 역할을 하는 것입니다.

껍데기가 대부분 오른쪽으로 꼬여 있어요.

부드러운 몸을 보호하기 위해 탄산칼슘으로 된 껍데기가 딱딱하게 발달되어 있어요.

위에 난 두 개의 큰 더듬이로 방향을 잡아요. 끝에는 눈이 있지만 시력이 좋지 않아요.

안쪽에 항문이 있어서 똥을 내보내요.

배다리에서 끈끈한 점액이 나와 물체에 달라붙을 수 있어요.

아래쪽 작은 더듬이로 땅을 더듬어 먹이를 찾아요.

멋진 곡예사

달팽이는 울퉁불퉁한 길도 잘 기어가고 가느다란 나무줄기에 매달려 곡예를 하기도 합니다. 그런데 달팽이가 기어간 자리를 보면, 하얀 자국이 남아 있습니다. 이는 배다리에서 나오는 끈끈한 점액으로, 배다리의 근육이 물결치듯이 움직일 때 미끄러지지 않고 물체에 잘 달라붙게 합니다.

달팽이는 여자 남자가 따로 없어요

달팽이는 한 몸에 암수의 생식기를 모두 가지고 있지만 짝짓기는 다른 달팽이와 합니다.

가느다란 생식기를 다른 달팽이의 목 부분에 꽂아 짝짓기를 해요.

축축한 땅에 구덩이를 파요.

한 달쯤 지나면 새끼 달팽이들이 태어나요. 알껍질을 먹고 자라요.

지름이 약 3mm 되는 알을 20~30개 낳고, 흙으로 덮어요.

달팽이의 친구들

달팽이처럼 몸에 뼈가 없이 흐물흐물한 형태를 가진 동물을 통틀어 '연체동물'이라고 합니다. 사는 곳은 다르지만 조개, 우렁이, 다슬기, 오징어, 문어 등도 말랑말랑한 속살을 가진 연체동물이지요.

달팽이 친구 우렁이예요.

다슬기
강이나 호숫가에 사는 다슬기는 껍데기가 작고 길쭉해요. 색이 다양하며, 껍데기가 매끈한 것도 있고 주름진 것도 있어요.

논우렁이
논이나 강가, 호수 주변에 사는 우렁이의 껍데기는 크고, 달걀 모양이에요. 누런색, 황록색, 흑록색 등 색깔이 다양해요. 먹기 위해 일부러 기르기도 해요.

백합
우리가 즐겨 먹는 조개로, 서해에서 살아요. 껍질에 브이(V) 자 띠가 있어서 쉽게 찾아볼 수 있어요.

비단고둥
비단고둥의 껍데기는 비단처럼 광택이 나요. 무늬가 예뻐서 껍데기를 모아 공예에 쓰기도 해요. 서해의 모래사장에서 볼 수 있어요.

주변에서 볼 수 있는 여러 달팽이

달팽이는 껍데기의 특징에 따라 껍데기의 중심부가 크고 깊으면 배꼽달팽이, 돌기가 많이 나면 털달팽이, 껍데기가 없으면 민달팽이란 이름을 붙이지요. 특정한 곳에서만 사는 달팽이 이름 앞에는 그곳의 이름을 붙이기도 합니다. 북한산달팽이, 울릉도달팽이 등이 그렇답니다.

달팽이
가장 흔한 종으로 논이나 돌 밑, 풀숲에서 살아요. 껍데기는 둥근 편이며 크기, 색깔 등이 자라는 곳에 따라 여러 가지예요.

북한산달팽이
한 줄의 띠를 가진 북한산달팽이는 우리나라 특산종이에요. 중부 지방의 숲 속에서 만날 수 있어요.

동양달팽이
두 줄 또는 세 줄의 띠를 가진 동양달팽이는 껍데기가 두껍고 거칠지만 달팽이 중에서 가장 크고 아름다워요. 전국의 산에서 볼 수 있어요.

민달팽이
껍데기가 없고, 몸에 진한 갈색의 세로줄이 있어요. 껍데기 대신 몸을 보호하는 외투막이 있지요. '민'이란 '없다' 라는 뜻이에요.

두 번째 이야기

거미는
곤충이 아니에요

곤충들이 팻말을 따라 부지런히 길을 갑니다.
여기저기서 나비들이 날아오고,
잉잉 벌들이 날아오고,
잠자리들도 폴폴 날아왔습니다.
몸집이 작은 개미와 무당벌레는
한참을 헤매다가 겨우 회의 장소를 찾았습니다.

만날 싸우기만 하는 곤충들이
무슨 일로 한자리에 모였을까요?
"오늘만큼은 서로 싸우지 않기로 했지."
싸움 대장 사마귀가 말했습니다.
대체 무슨 일이 있는 걸까요?

넓은 풀밭에 곤충들이 가득 모였습니다.
"여러분!"
목소리 큰 매미가 나뭇가지로 올라갔습니다.
"오늘, 왜 우리가 이곳에 모였는지 아십니까?"
"모르겠는데요."
"자, 이 신문을 보세요."
매미가 신문 조각을 들어 보였습니다.

"여기 뭐라 씌어 있는지 보이죠?"
"안 보여요. 더 가까이 들어 봐요."
풀밭의 곤충들이 떠들어 댔습니다.
매미는 앞다리를 쭉 폈지만 잘 되지 않았습니다.
그때, 왕거미가 휙 날아왔습니다.
"이리 줘 봐."
왕거미는 나뭇가지 사이에 쳐진 거미그물에
신문 조각을 척 붙였습니다.

"어때요, 잘 보이죠?"
왕거미가 물었습니다.
"이제 잘 보이네."
"이럴 땐 거미그물이 아주 편리하군."

신문에는 커다란 글씨로
'곤충은 살아 있는 장난감이다' 라고 씌어 있었습니다.
"말도 안 돼!"
"우리가 왜 장난감입니까?"
"맞아요!"
"작고 힘없는 곤충도 소중한 생명입니다!"
매미가 귀청이 아프게 소리쳤습니다.
"맞습니다. 우리는 갖고 노는 장난감이 아닙니다."
다른 곤충들도 맞장구를 쳤습니다.
왕거미는 휙휙 거미줄 그네를 타며
이 모습을 지켜보고 있었습니다.

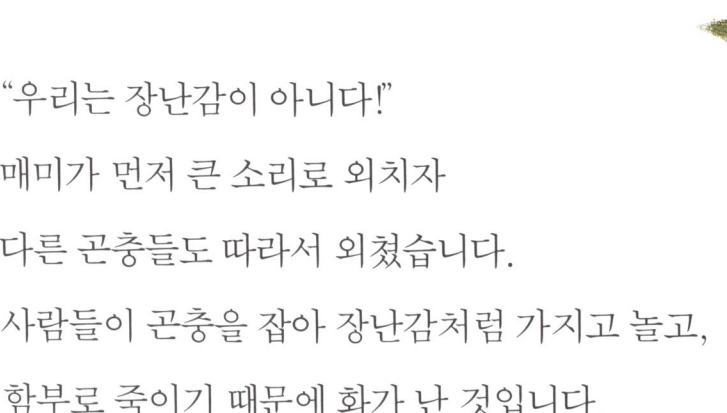

"우리는 장난감이 아니다!"
매미가 먼저 큰 소리로 외치자
다른 곤충들도 따라서 외쳤습니다.
사람들이 곤충을 잡아 장난감처럼 가지고 놀고,
함부로 죽이기 때문에 화가 난 것입니다.

"우리는 장난감이 아니다!"
왕거미는 구호를 외치면서도 쉴 새 없이 움직였습니다.
나뭇가지에 앉아 배를 흔들고,
배 끝 실젖에서 거미줄을 줄줄 뽑아냈습니다.
휙휙, 여러 가닥의 거미줄이 바람에 날렸습니다.
그중 한 가닥이 나뭇가지에 붙었습니다.
다리 끝으로 팽팽한 느낌이 전해졌습니다.
"옳지, 됐다!"

"저 거미는 거미줄도 타고, 공중그네도 뛰고,
재주가 참 좋단 말이야."
나무줄기에 앉은 사슴벌레가 부러운 듯 말했습니다.
"맞아. 재주가 아주 특별하지.
하지만 거미줄이 얼마나 무서운 줄 알아?"
옆에 있던 풍뎅이가 말했습니다.

"거미그물에 걸렸다 하면 거미 밥이 돼.
한번 걸리면 절대로 못 빠져나온다니까."
지난번에 동생을 잃은 잠자리가 슬픈 표정으로 말했습니다.

사슴벌레, 풍뎅이, 잠자리, 나비, 파리, 모기, 사마귀,
꿀벌, 여치, 베짱이, 반딧불이, 메뚜기, 매미까지
거미그물에 안 걸려 본 곤충이 없었습니다.
"사마귀만큼 싸움도 잘하는 모양이지?"
"엄니로 독을 찔러 넣거든."
"아이고, 끔찍해라!"

왕거미는 거미줄을 타고 아래로 내려갔습니다.

안쪽에서 바깥쪽으로 바퀴살 모양의 방사실*을 쳐 나갔습니다.

"저 왕거미 좀 봐. 그물을 치고 있어."

눈이 밝은 잠자리가 말했습니다.

"집에 돌아갈 때 조심해야겠어."

말벌이 작은 소리로 말했습니다.

*방사실: 가운데의 한 점에서 바퀴살 모양으로 내뻗친 거미줄.

거미야 거미야

거미줄 어디서 나오니

바람에 둥실

나무에 둥실

거미야 거미야

이곳저곳 그물 치지 마라

주인도 걸리고

손님도 걸린다

방사실을 다 친 왕거미는 이번엔 가운데서부터 나선실*을 치기 시작했습니다.
방사실은 끈끈하지 않은 거미줄로 거미가 다니는 길이고, 나선실은 끈끈해서 먹이가 걸리는 줄입니다.

*나선실: 소용돌이 모양으로 빙빙 돌면서 쳐진 거미줄.

그물을 치는 것은
왕거미만이 아닙니다.
무당거미는
금색의 그물을 짜고,

장수갈거미는 물가 풀숲에
그물을 쳤습니다.

손짓거미는 나뭇잎 끝에 한 가닥 그물을 치고,

호랑거미는 아래로 긴
둥근 그물을 짰습니다.

애플거미는 선반 같은 그물을 잇대어 짰습니다.
거미들은 곤충들이 열심히 소리치고 있을 때
슬금슬금 거미줄을 뽑아 그물을 쳤습니다.

"왜 우리를 살아 있는 장난감이라고
그러는지 아십니까?"
매미는 목이 쉬어 터질 것 같았습니다.
"우리가 신기하고 재미있는 모양이지."
사슴벌레가 말했습니다.
"똥도 먹고 못생겼으니까 그렇지."
쇠똥구리가 말했습니다.
"괴물처럼 생겼는데 하는 짓은 귀여우니까."
땅강아지가 말했습니다.

"그 말은 맞네. 신기하고, 못생기고, 괴물 같고……."
땅에 있던 꽃게거미가 말했습니다.
거미들만 해도 못생기고,
몸집은 작아도 괴물처럼 무섭지요.
누구든 거미를 보면 놀라서 얼른 피해 돌아갑니다.
"우리도 귀여운 데가 있는데!"
새똥처럼 생긴 큰새똥거미가 말했습니다.

왕거미는 그물에 붙였던 신문을 떼었습니다.

'흐흐, 이제부터 슬슬 사냥을 해 볼까?

그물을 친 거미들은 슬그머니 나뭇잎 뒤로 숨었습니다.

"이제 모두 돌아가도 좋습니다."

매미가 소리치자, 곤충들은 제각기 흩어졌습니다.

뛰어가고, 기어가고, 날아가고…….

"으악, 이게 뭐야?"

여태껏 목이 터져라 소리쳤던 매미가 그물에 걸렸습니다.

파드닥, 날갯짓을 해 보았지만 소용없었습니다.

왕거미가 재빨리 달려왔습니다.

"정말 미안해. 하지만 난 지금 배가 고파."

"너, 거미……."

매미는 헐떡거리며 말을 잇지 못했습니다.

"넌 곤충이 아니잖아. 일부러 와서 우리를 속이다니!"

"호호, 먹이 사냥하러 왔지."

거미가 곤충이 아니라고요?
맞아요, 곤충은 다리가 여섯 개인데
거미는 여덟 개나 되잖아요.
더듬이도 없고, 날개도 없어요.

거미는 작은 동물이다

재주 많은 건축가이다

은빛 금빛 거미줄을 내고

그물을 짠다

둥글게 끈끈하게

누구든 꼼짝 마

곤충도 걸리고

바람도 걸린다

보세요.

아침 이슬이 거미그물에 맺혀서

아롱아롱 영롱하게 빛나네요.

 더 궁금해요!

거미는 동물이에요

곤충과 다른 생김새를 가진 거미

거미는 절지동물에 속하지만 곤충은 아닙니다. 전갈이나 진드기 같은 동물과 함께 따로 구분됩니다.

곤충은 머리·가슴·배 세 부분으로 나뉘지만 거미는 머리가슴과 배 두 부분으로 되어 있지요. 또 곤충은 다리가 6개이고, 거미는 8개랍니다. 곤충이 가지고 있는 더듬이도 없습니다.

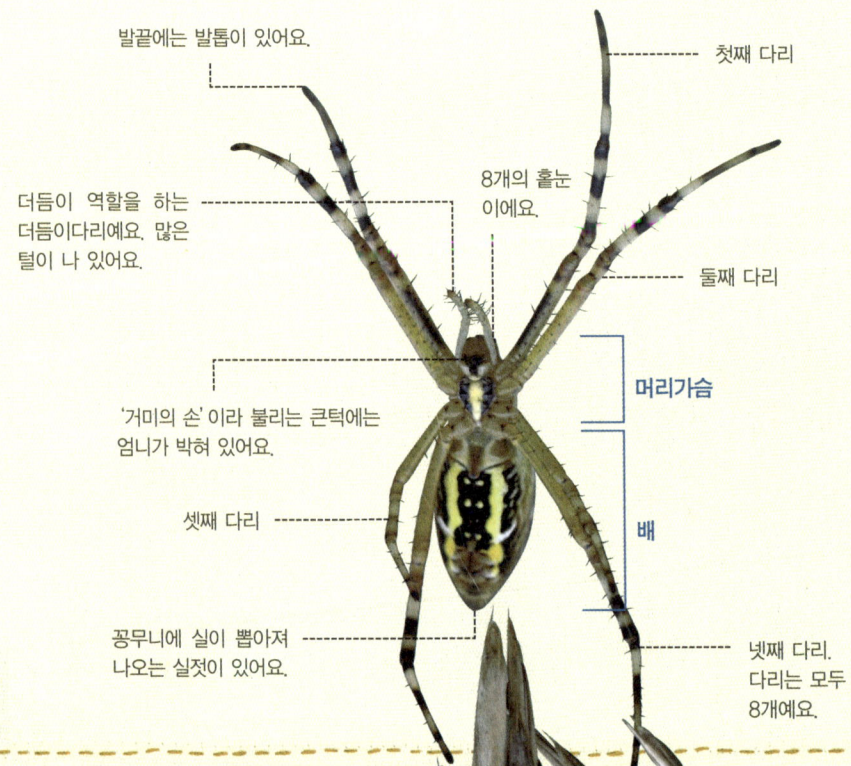

- 발끝에는 발톱이 있어요.
- 더듬이 역할을 하는 더듬이다리예요. 많은 털이 나 있어요.
- 8개의 홑눈이에요.
- 첫째 다리
- 둘째 다리
- '거미의 손'이라 불리는 큰턱에는 엄니가 박혀 있어요.
- 셋째 다리
- 꽁무니에 실이 뽑아져 나오는 실젖이 있어요.
- 머리가슴
- 배
- 넷째 다리. 다리는 모두 8개예요.

거미는 멋진 건축가

거미는 그물을 아주 잘 칩니다. 배 속에 실샘이라는 액체 주머니가 있는데, 이것이 실젖을 통해 밖으로 나오면 굳어지는 것입니다. 우리가 보는 거미줄 한 가닥은 1,000여 개의 가닥이 꼬인 것입니다. 먹이가 걸리는 줄은 끈끈한 나선실(가로실)이고, 거미가 다니는 줄은 끈끈이가 없는 방사실(세로실)입니다.

거미그물을 치는 과정

거미줄을 바람에 날려 보내요.

나뭇가지에 걸리면 줄을 타고 건너편으로 가요.

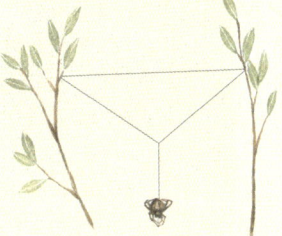

가운데로 돌아와 아래로 떨어져 와이(Y) 자 모양을 만들어요.

가운데로 돌아와 계속 방사실을 치고 테두리를 만들어요.

방사실을 견고하게 만들어요.

가운데부터 뱅글뱅글 돌면서 나선실을 만들어요

허물을 벗어야 어른이 되어요

거미는 한 번에 보통 200개 이상의 알을 낳습니다. 거미줄로 알주머니를 만들어 몸에 달고 다니기도 하고, 나뭇잎이나 벽에 붙여 놓기도 합니다. 알에서 태어나면 애벌레나 번데기 과정을 거치지 않고 새끼 거미가 됩니다. 그러나 몸이 자라면서 열 번 정도 허물을 벗는 힘든 과정을 거쳐야 합니다.

긴호랑거미의 탈피

껍질이 터지면서 머리가슴부터 껍질을 벗기 시작해요.
(머리가슴부터 슬슬 허물을 벗어 볼까?)

다리 윗부분이 나오기 시작해요.

다리가 반 정도 빠져나왔어요.

허물 벗기 성공!

조금만 더 힘을 내서 으샤!

다리가 거의 빠져나왔어요.

여러 가지 종류의 거미

거미는 산, 풀밭, 나무 위, 돌 틈, 물가, 물속이나 사막 등 다양한 곳에 삽니다. 생김새나 크기, 몸 빛깔도 가지각색입니다.

포르륵~! 오늘은 누가 걸려들까?

무당거미
배에 알록달록한 무늬를 가진 화려한 거미로, 무당 옷을 입은 것 같아요. 무당거미는 금색 그물을 쳐요.

긴호랑거미
배 부분에 여러 줄의 노란 띠가 있는 긴호랑거미는 둥근 그물을 치고 흰 띠를 길게 만들어요.

털보깡충거미
몸 전체에 긴 털이 난 털보깡충거미는 그물을 치지 않고 먹이를 찾아다니는 거미예요. 나뭇잎을 기어 다니며 벌레를 잡아먹어요.

산왕거미
배의 등 쪽에 돌기가 나 있는 산왕거미는 몸길이가 3cm 정도 되는 대형 거미예요. 둥근 그물을 쳐서 먹이를 잡아요.

세 번째 이야기

친친 감아라 덩굴 손

집 마당에 딸린 텃밭입니다.
칡으로 엮은 울타리가 빙 둘러 있습니다.
텃밭을 가꾸는 일도 작은 농사입니다.
밭고랑 내고, 씨 뿌리고, 풀 뽑고,
물 주고, 벌레도 잡아 주고,
거름도 줘야 합니다.

텃밭 한쪽에 지붕이 높은 원두막이 있고,
늙은 등나무가 한 그루 있습니다.
나무 기둥을 친친 감은 등나무는
시원한 그늘을 만들어 줍니다.

텃밭에는 터줏대감이 있습니다.
하나가 아니라 여럿입니다.
수세미, 오이, 참외, 호박, 박은
오래전부터 한 해도 거르지 않고
텃밭에서 자라 왔습니다.
고추, 파, 감자, 고구마, 배추, 부추, 강낭콩,
가지, 상추, 쑥갓, 옥수수도 마찬가지입니다.
텃밭 식구들은 봄부터 가을까지 차례로
밭두렁 한 곳을 차지하고 자랍니다.
서로 싸우지도 않나 봐요?
아뇨, 가끔 다투기도 하지요.
누가 다툴까요?
나팔꽃과 옥수수입니다.
둘은 왜 다툴까요?

나팔꽃은 울타리를 빙 둘러 자랍니다.
덩굴줄기는 가느다랗습니다.
"무엇을 잡아야 하는데……."
줄기 끝이 오이 덩굴손에 닿았습니다.
"아, 따가워!"
나팔꽃과 오이 덩굴손이 소리쳤습니다.
둘 다 덩굴에 까칠까칠한 털이 나 있거든요.

"저리 비켜!"
오이 덩굴손이 소리쳤습니다.
"알았어."
나팔꽃은 작은 소리로 대답했습니다.
오이 덩굴손은 용수철 같습니다.
무엇이든 한번 잡으면 사정없이 돌돌 말아 감습니다.
나팔꽃은 얼른 다른 쪽을 더듬거렸습니다.
무엇인가 튼튼한 것이 잡혔습니다.
"옳지, 이거다."

나팔꽃은 재빨리 오른쪽으로 감았습니다.

"어, 넌 뭐야?"

옥수수가 소리쳤습니다.

"나? 나팔꽃이야."

"왜 내 몸을 감고 그래?"

"미안해. 나는 힘이 없어서 줄기를 세울 수 없어."

"그럼 누우면 되잖아."

"안 돼. 예쁜 꽃을 피워야 한단 말이야."

"그렇다고 내 몸을 감으면 어떡해."

"무엇이든 받침대가 되면 감아야 돼."

"나도 대를 굵게 키우고 꽃도 피우고 열매도 맺어야 해. 네가 감고 있으면 자랄 수 없잖아. 어서 줄기를 풀어."

"미안해. 한번 감은 줄기는 풀 수 없어."

나팔꽃은 날마다 걱정입니다.

"누가 받침대를 꽂아 주면 좋을 텐데……."

할 수 없이 튼튼한 옥수수에게 말합니다.

"조금만 참아. 대신 예쁜 꽃을 피워 줄게."

"그게 네 꽃이지, 내 꽃이니?"

옥수수가 화를 냈지만 소용없습니다.

어느 날 아침, 나팔꽃은 꽃을 활짝 피웠습니다.

빨강, 자주, 푸른 보랏빛 꽃이 나팔을 닮았습니다.

"어때, 예쁘지?"

"예쁘기는 한데 난 답답해."

"그래도 참아 줘. 응?"

죽죽 덩굴줄기 뻗어라
까칠까칠하니 미끄럽지 않아
더듬더듬 더듬어 보고
살금살금 만져 보고
굵으면 힘들어 안 돼
친친 오른쪽으로 돌려
쑥쑥 기어오르자

싸움은 나팔꽃만 하는 게 아니에요.
오이 덩굴손도 무엇이든 잡히면
돌돌 감아 올라갑니다.
왜 줄기를 스스로 세우지 못하고
남에게 의지하는 걸까요?
줄기가 가늘어 바로 설 힘이 없기 때문이에요.
나무나 받침대가 있어야 자랄 수 있어요.

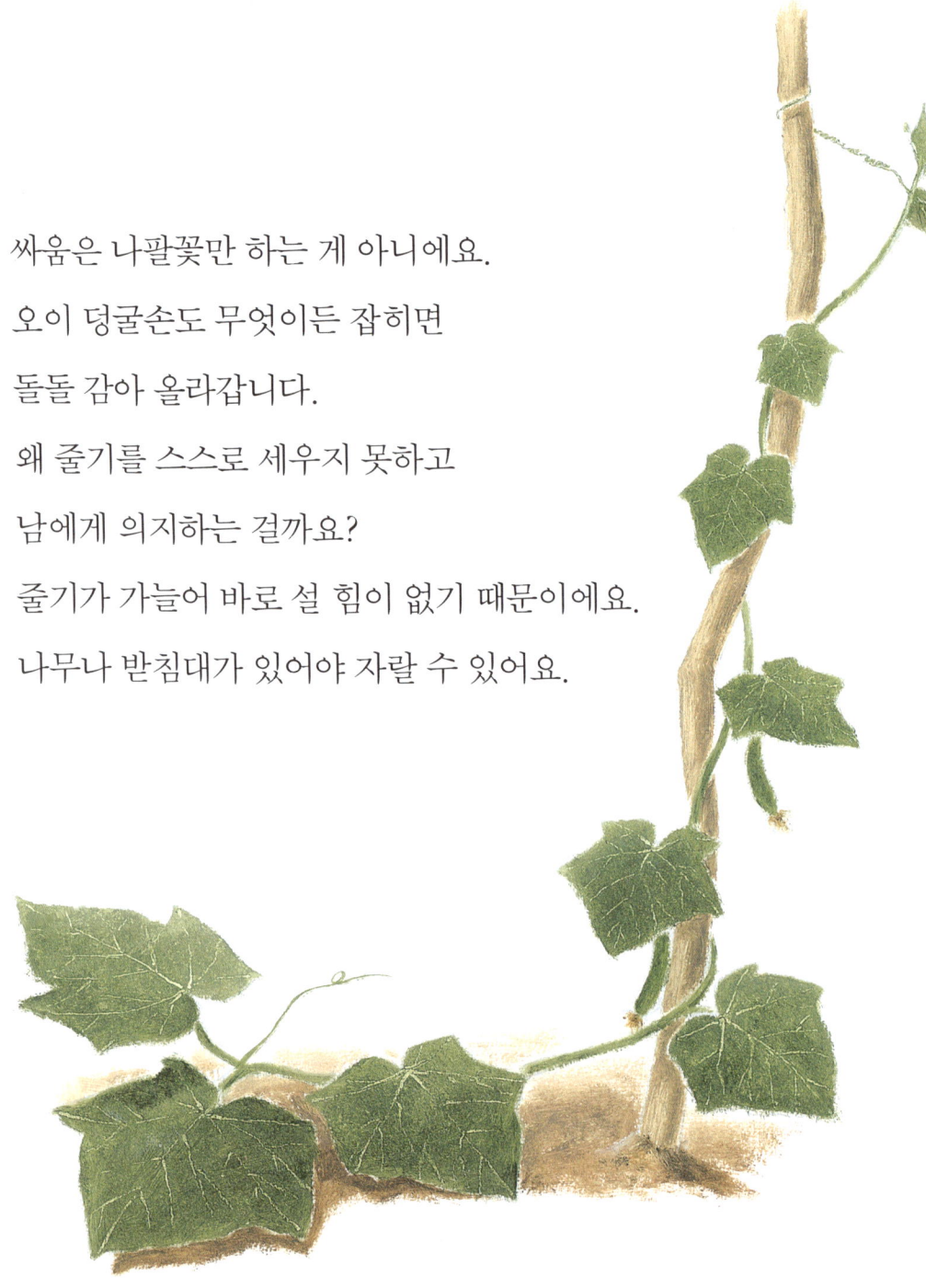

줄기와 잎에는 가시털이 있습니다.
한번 잡으면 놓지 않아요.
매끄러운 것보다 거친 것을 더 잘 감아요.
덩굴줄기보다 덩굴손이 더 빨리 감아요.

수세미외도 고민합니다.

"어디로 올라갈까?"

울타리를 감아 타고 오르다가
늙은 등나무 줄기를 감았습니다.
등나무는 오랜 세월 동안 자라서
덩굴줄기로 푸른 지붕을 만들었습니다.

"미안해요, 등나무 님."

"아니다. 감기 운동*은 당연한 거란다."

"감기 운동이요?"

*감기 운동: 덩굴 식물이 다른 물체를 감아 오르는 것을 이르는 말.

"서로 감기 운동을 하다 보면 작은 갈등이 생길 수도 있어."
"갈등이요? 어려운 말이네요."
"그 말은 바로 우리 같은 덩굴 식물의 감기 운동에서 나온 말이지."

등나무가 이야기를 시작했습니다.
"옛날 산속에 '갈' 하고 '등' 이 살았단다.
갈은 울타리를 엮은 칡을, 등은 바로 나, 등나무를 말하지."

어느 해, 칡과 등나무는 덩굴줄기를 뻗고
한 나무를 감아 올라갔습니다.
그런데 칡은 오른쪽으로 감아 올라가고,
등나무는 왼쪽으로 감아 올라갔습니다.
"윽, 왜 나를 조르는 거야."
칡이 등나무에게 화를 냈습니다.
"너도 마찬가지야."
두 덩굴줄기는 단단히 얽혔습니다.
"아이고, 답답해. 둘 다 죽게 될 거야."

이렇게 서로 양보하지 않은 칡과 등나무 때문에
'갈등*' 이라는 말이 생겼다는 얘기지요.

*갈등(葛藤): 칡과 등나무가 얽혀 있는 것같이 서로가 적대시하고 충돌하는 상태.

나팔꽃, 까치콩, 댕댕이덩굴은
오른쪽으로 감아 돕니다.

| 나팔꽃 | 까치콩 | 댕댕이덩굴 |

박주가리, 인동, 계요등은 왼쪽으로 감아 오릅니다.
"이쪽으로도 감아 봐."
왼쪽으로 감은 것을 풀어서 오른쪽으로 바꾸어도
다시 왼쪽으로 감아 오릅니다.

| 박주가리 | 인동 | 계요등 |

왼쪽이면 어떻고 오른쪽이면 어때?

더덕과 환삼덩굴은

아무 쪽이나 감아 버립니다.

더덕   환삼덩굴

감는 게 좋은 건 아니야.

찔레와 오미자 덩굴은 다른 나무에 기대어 자랍니다.

찔레   오미자 덩굴

"내 빨판은 어때?"

담쟁이덩굴은 납작한 빨판을 가졌습니다.

돌담이나 나무에 빨판을 착 붙이고 자랍니다.

"절대 안 떨어질 거야."

담쟁이덩굴

호박 덩굴이 울타리를 덮다시피 자랐습니다.
굵고 튼튼한 줄기에 호박이 주렁주렁 열렸습니다.
어느 날, 농부가 사다리를 가져왔습니다.
"박 줄기는 원두막으로 올라가거라."
사다리를 놓고 박 덩굴을 지붕 위로 올려 주었습니다.
만날 따 먹어야 하는 호박은 낮은 곳으로,
다 익을 때까지 기다려야 하는 박은 높은 곳으로
줄기를 뻗게 하려는 것입니다.

덩굴 식물은 힘이 없으나 지혜롭습니다.
감아서 자라고, 기어서 자라고,
기대어 자라고, 붙어서 자라고…….
영차 영차, 덩굴줄기는 운동을 멈추지 않습니다.

다른 나무에 붙어 자라요

혼자서는 잘 자랄 수 없어요

덩굴 식물은 줄기가 곧게 서지 않고 주위의 다른 식물이나 막대기 같은 받침대를 감아 오르거나 붙어 자랍니다. 덩굴 식물은 줄기와 뿌리가 약하기 때문에 햇빛을 받으려면 줄기를 받쳐 줄 것을 찾아 더 높이 올라가는 수밖에 없습니다. 그래서 줄기와 잎, 뿌리의 모양을 자신에게 편리하게 바꿔 버렸습니다.

오이, 호박, 완두 같은 덩굴 식물은 잎이 난 맞은편에서 덩굴손이 나옵니다. 용수철 모양의 덩굴손이 친친 물체를 감아 위로 올라갑니다. 이렇게 하면 바람이 불어도 끄떡없답니다.

수세미외 덩굴손
덩굴손이 철조망을 휘감고 있어요. 한번 감은 것은 풀지 않아요.

호박 덩굴손
호박의 덩굴손이에요. 감을 것을 찾지 못하고 돌돌 말려 있어요.

가시털이 있어요

오이와 호박의 잎, 줄기에는 까끌까끌한 가시털이 많이 나 있습니다. 이는 다른 물체를 잡고 감아 올라가기 위한 장치입니다.
자세히 보면 털은 약간 아래쪽을 향하고 있지요. 그래서 줄기가 좀 헐겁게 감겨 있더라도 아래로 흘러내리지 않는답니다.

감기 운동을 해요

덩굴줄기가 감을 물체를 만나면 줄기 끝이 천천히 감아 오르기 시작합니다. 느린 것은 하루에 한 번 감기도 하고, 빠른 것은 몇 시간 만에 한 번 감습니다.
감아 오르는 방향은 식물마다 다릅니다. 위에서 볼 때 시계 반대 방향으로 감는 것을 '오른돌이(우권)', 시계 방향으로 감는 식물을 '왼돌이(좌권)'라고 합니다. 오른돌이가 더 많지요.

오른돌이
시계 반대 방향으로 감고 올라가요. 나팔꽃, 새삼, 칡, 댕댕이덩굴, 까치콩 등이 오른돌이에요.

왼돌이
시계 방향으로 감아요. 계요등, 박주가리, 인동, 덩굴강낭콩 등이 왼돌이에요.

여러 가지 덩굴 식물

오이, 호박, 그리고 담쟁이덩굴 등 잎과 줄기, 뿌리가 변형된 덩굴 식물은 우리 주변에서 흔히 찾아볼 수 있습니다.

덩굴손으로 감는 덩굴 식물

오이
잎이 변한 덩굴손이 받침대를 꽁꽁 감았어요. 바람이 세게 불어 흔들려도 줄기는 꼿꼿이 서 있을 수 있어요.

닿기만 하면 꽁꽁 감아!

박
박 덩굴손이 옥수수 줄기를 타고 오르다가 잎을 땡땡 휘감았어요. 끝이 두 갈래로 갈라져서 저마다 다른 물체를 감아요.

갈퀴나물
잎이 변한 덩굴손이 자라요. 작은 잎이 마주 붙은 끝에 여러 갈래로 갈라져서 다른 물체를 감아 올라가요.

줄기로 감는 덩굴 식물

댕댕이덩굴
산에서 흔히 볼 수 있는 댕댕이덩굴이에요. 덩굴줄기가 오른쪽으로 감아 올라가요.

나팔꽃
아침 이슬을 맞고 나팔꽃이 피었어요. 덩굴줄기가 항상 오른쪽으로 감아 올라가요.

잘 봐. 시계 반대 방향으로 감지?

실새삼
다른 나무에 올라붙어 양분을 빨아먹고 사는 기생 식물이에요. 오른쪽으로 감아 올라가요.

더덕
작은 종 모양의 꽃이 피는 더덕은 오른쪽, 왼쪽 할 것 없이 양쪽으로 감아요.

계요등
긴 종 모양의 꽃이 예쁜 계요등은 왼쪽으로 감아 올라가요.

　　　모든 것에 능한 동물도, 곤충도 없습니다.
　물도, 햇빛도, 바람도 없이 저절로 자라는 식물도 없습니다.
　　다만 한 가지씩 자기에게 알맞은 특별한 능력이 있습니다.

교과서 자연동화 10권, 교과서로 만나요!

01

슬기로운 생활	1학년 2학기	6. 우리의 겨울맞이
과학	3학년 1학기	3. 동물의 한살이
	4학년 1학기	3. 식물의 한살이

02

| 슬기로운 생활 | 1학년 1학기 | 5. 자연과 함께해요 |
| 과학 | 5학년 1학기 | 4. 작은 생물의 세계 |

03

슬기로운 생활	1학년 1학기	5. 자연과 함께해요
과학	3학년 2학기	2. 동물의 세계
	4학년 2학기	1. 식물의 세계
	5학년 1학기	3. 식물의 구조와 기능

04

슬기로운 생활	1학년 2학기	4. 가을의 산과 들
과학	3학년 1학기	3. 동물의 한살이
	4학년 1학기	3. 식물의 한살이
	4학년 2학기	1. 식물의 세계
	5학년 1학기	3. 식물의 구조와 기능

05

슬기로운 생활	2학년 1학기	7. 동물과 식물은 내 친구
과학	5학년 1학기	3. 식물의 구조와 기능
		4. 작은 생물의 세계

06			
	슬기로운 생활	1학년 1학기	2. 봄이 왔어요 / 5. 자연과 함께해요
	과학	3학년 1학기	3. 동물의 한살이
		4학년 1학기	3. 식물의 한살이
		5학년 1학기	4. 작은 생물의 세계
		6학년 1학기	4. 생태계와 환경

07			
	과학	3학년 2학기	2. 동물의 세계
		5학년 1학기	3. 식물의 구조와 기능
			4. 작은 생물의 세계

08			
	과학	3학년 1학기	3. 동물의 한살이
		3학년 2학기	2. 동물의 세계
		4학년 1학기	3. 식물의 한살이

09			
	슬기로운 생활	2학년 2학기	1. 낮과 밤이 달라요
	과학	6학년 1학기	4. 생태계와 환경

10			
	과학	3학년 2학기	2. 동물의 세계
		4학년 2학기	1. 식물의 세계

글 · 이상배

충북 괴산의 산골 마을에서 태어났습니다.
어린 시절부터 산과 들판을 뛰어다니며 자연과 함께 하나가 되던 때를 그리워하며 글을 쓰고 있습니다.
연못가에서 잠자리를 잡던 일이며, 소 꼴을 먹이던 일을 돌아보면서
자연보다 더 훌륭한 스승은 없다는 것을 늘 깨닫고 있습니다.
월간문학 신인상에 〈엄마 열목어〉가 당선된 것을 시작으로 지금까지 〈꽃이 꾸는 나비꿈〉,
〈옛날에 울아버지가〉, 〈도깨비 아부지〉, 〈아리랑〉, 〈별이 된 오쟁이〉, 〈아름다운 둥지〉,
〈책 읽는 도깨비〉 등 여러 작품을 썼습니다.
대한민국문학상, 한국아동문학상, 이주홍문학상, 김동리문학상, 한국동화문학상 등을 받았습니다.

그림 · 황종욱

훌륭한 조각가를 꿈꾸며 고등학교와 대학교에서 조각을 공부했고,
출판사 미술부에서 근무하면서 그림을 그리게 되었습니다.
어릴 적부터 뚝딱거리며 만드는 것이 좋아 장수풍뎅이, 사슴벌레 같은 곤충을 직접 나무로 깎아 만들곤 했습니다.
어린이 책에 그림 그리는 것이 나무 깎기보다 더 쉽고 재미있다는 것을 알고 나서는
동물과 곤충, 풀과 나무를 즐겁게 그리고 있습니다.
쓰고 그린 그림책 〈얼룩갈매기〉가 있고, 그린 책으로는 〈신기한 마술보자기〉, 〈나무야, 안녕〉 등이 있습니다.

우리는 특별한 재주가 있어요

개정판 1쇄 인쇄 2011년 11월 25일
개정판 1쇄 발행 2011년 12월 7일

글 이상배   그림 황종욱
펴낸이 오형석
편집이사 박춘옥
편집책임 권주원 **편집진행** 김유진, 김하나, 김주미
디자인책임 조기연
제작책임 고강석
사진 김상수, 박지은, 손윤한, 신응섭, 이영철, 조병국, 시몽포토에이전시
펴낸곳 (주)계림북스 **등록** 제300-2007-55호(2000. 5. 22)
주소 서울시 종로구 평동 13-68
전화 (02)739-0121(대표) **팩스** (02)722-7035
홈페이지 www.kyelimbook.com

이 책에 실린 글과 그림의 무단 전재나 복제를 금합니다.
ⓒ이상배, 계림북스 2011

ISBN 978-89-533-1443-6 74400
      978-89-533-1436-8(세트)